NE VOUS TAISEZ PLUS !

OUVRAGES DE
DENISE BOMBARDIER

La Voix de la France, Robert Laffont, 1975.
Une enfance à l'eau bénite, Seuil, 1985.
Le Mal de l'âme (avec Claude Saint-Laurent), Robert Laffont, 1989.
Tremblement de cœur, Seuil, 1990.
La Déroute des sexes, Seuil, 1993.
Nos hommes, Seuil, 1995.
Aimez-moi les uns les autres, Seuil, 1999.
Lettre ouverte aux Français qui se croient le nombril du monde, Albin
  Michel, 2000.
Ouf !, Albin Michel, 2002.
Propos d'une moraliste, VLB Montréal, 2003.
Et quoi encore !, Albin Michel, 2004.
Sans complaisance, VLB Montreal, 2005.
Edna, Irma et Gloria, Albin Michel, 2007.
Nos Chères Amies..., Albin Michel, 2008.
Au risque de déplaire, VLB, 2009.
L'Énigmatique Céline Dion, XO/Albin Michel, 2009.

OUVRAGES DE
FRANÇOISE LABORDE

Les Mammouths et les jeunes lions. À la recherche de la deuxième droite,
  avec Jean-Luc Mano, Belfond, 1990.
Des sœurs, des mères et des enfants, avec Cathérine Laborde, Lattès,
  1997.
Dix jours en mars à Bruxelles, Ramsay, 2000.
L'Homme du 18 juin 2002, avec Stéphane Bugat, Ramsay, 2002.
Pourquoi ma mère me rend folle, Ramsay, 2002.
Ma mère n'est pas un philodendron, Fayard, 2003.
Pas de panique, Maman est là !, Fayard, 2005.
C'est encore mieux à 50 ans !, Fayard, 2007.
Ça va mieux en le disant, Fayard, 2008.
Une histoire qui fait du bruit, Fayard, 2011.

Denise Bombardier
Françoise Laborde

Ne vous taisez plus !

Fayard

Si vous souhaitez réagir, témoigner,
rendez-vous sur la page facebook :
Nevoustaisezplus

Couverture Atelier Didier Thimonier
Photo auteurs : Droits réservés

ISBN : 978-2-213-66652-5

EN GUISE DE PRÉSENTATION

Nous nous sommes rencontrées sur un plateau de télévision, lieu qui nous est à toutes deux si familier ; l'amitié peut aussi se nouer par coup de foudre, ce fut notre cas. Nous sommes deux battantes, à la française et à la québécoise. Rien ne nous a été donné, il nous a fallu tout conquérir. Nous nous sommes donc imposées dans ce monde des médias.

Toutes deux vouons un culte aux mots dont nous usons sans restriction. C'est peu dire que nous considérons la parole comme libératrice.

Nous partageons un sens de l'humour et de la dérision qui nous écarte du militantisme aveugle : pour nous, la réalité est toujours plus importante que l'idéologie. Nous ne sommes pas des donneuses de leçons, notre mode de vie consiste à respecter nos convictions et celles des autres.

Nous sommes des femmes qui affichons notre passion pour les hommes, au premier chef nos maris. Évidemment, nous aimons séduire, évidemment, nous sommes rompues aux plaisirs de la conversation-séduction et imbattables au jeu du flirt espiègle et de l'œil de velours… mais le machisme ordinaire, la misogynie banalisée nous rendent intraitables.

À l'évidence, notre regard sur les relations entre les sexes est différent, car dans le combat pour l'égalité hommes-femmes les Québécoises vont plus loin que les Françaises. Aidées en cela par les Québécois, qui, à la différence des Français, ne considèrent pas que le féminisme soit une maladie sexuellement transmissible !

La France, terre des Lumières, a fait de la séduction et du libertinage un trait culturel qui lui interdit d'en voir la face obscure : ce qu'on appelle hypocritement les « secrets d'alcôve » ou, plus crûment, le sexe dans tous ses états.

Le « séisme » du 14 mai 2011 au Sofitel de New York a permis de dévoiler une France étrangement tolérante à l'égard de cette « galanterie française » supposée faire fantasmer le monde entier. Or, derrière la glorification de la liberté des mœurs, se cache aussi un machisme archaïque.

Par-delà nos différences culturelles, nous sommes deux femmes modernes qui réagissons avec effarement aux propos inqualifiables d'hommes ou de femmes qui, sous couvert de « présomption d'innocence » et d'ouverture d'esprit, cautionnent des pratiques douteuses dont les femmes, bizarrement, font toujours les frais.

Nous avons mal à cette France que nous aimons drôle, alerte, gourmande. La France de « la joie de vivre ». Mais ce qui est apparu au grand jour, durant ce printemps 2011, c'est une France qui, sous couvert de liberté de penser, drapée dans son supposé affranchissement des mœurs, justifie sans vergogne des comportements sexuels indéfendables et préfère taire ses « affaires poisseuses ».

C'est pour toutes ces raisons que nous disons aujourd'hui aux femmes et aux hommes : « Ne vous taisez plus ! »

*
* *

Ne pas se taire. Ne plus taire.

Facile à dire et à faire quand on s'appelle Denise Bombardier ou Françoise Laborde, quand on a la réputation justifiée de ne pas avoir la langue dans sa poche !

Cette réputation de « grandes gueules », qui nous vaut parfois des ennuis ou des inimitiés, nous l'avons aussi conquise dans l'adversité et c'est elle qui nous permet aujourd'hui, non seulement de parler, mais d'avoir un certain recul par rapport à ce qu'il faut bien appeler une « tragédie française ».

Depuis ce fameux 14 mai 2011[1], nous avons lu et entendu ce qui s'est dit et écrit en France : un ouragan de réactions sexistes, misogynes, de réactions de caste, de clan, de classe, dans un assourdissant silence des femmes.

Où sont passées nos grandes voix humanistes et féministes ? Et les chiennes de garde, auraient-elles disparu ? Seules les associations d'aide aux victimes de violence faites aux femmes se sont manifestées. Et quelques rares femmes et hommes qui ont eu le courage de dénoncer l'omerta.

La majorité des hommes, journalistes et politiques en première ligne, n'ont pas faibli dans les propos sexistes. Cela est allé du : « Il n'y a pas mort d'homme » au « troussage de domestique » en passant par : « Est-ce un tort d'aimer les femmes ? » ou « On ne pourra plus vous faire la cour désormais ? »... Certains ont purement et simplement

---

1. Le 23 août 2011, Dominique Strauss-Kahn a bénéficié d'un arrêt des poursuites judiciaires, le juge américain ayant estimé, suite à la demande du procureur, que le dossier du témoignage de Nafissatou Diallo, la plaignante, comportait trop de versions différentes et que celle-ci avait menti à plusieurs reprises sur son passé. Néanmoins, la bataille judiciaire devrait continuer sur le volet civil. En effet, les avocats de Mme Diallo ont lancé au début de ce même mois d'août une procédure civile devant un tribunal du Bronx pour obtenir des dommages et intérêts.

voulu ignorer ce qui avait pu se passer dans la suite du Sofitel, préférant le déni, ainsi Bernard-Henri Lévy a-t-il écrit, sur son blog, un article intitulé « Les cinq leçons de la non-affaire Strauss-Kahn » : « Il y a d'ores et déjà, comme je l'avais tout de suite soupçonné, une victime dans cette affaire : cet homme, Dominique Strauss-Kahn, dont on a jeté aux chiens la vie et l'honneur[1]. »

Sans oublier les défenseurs du « libertinage » ou de la « liberté sexuelle », mots auxquels recourent particulièrement les harceleurs compulsifs.

Au Québec, les hommes ne sont pas plus vertueux qu'en France. Il y a bien sûr des abuseurs qui abusent et des harceleurs qui harcèlent, mais la société québécoise ne manifeste aucune complaisance à leur endroit ; si bien que ces hommes savent ce qui leur en coûte d'agresser une femme. Les Françaises sont les premières victimes de comportements déplacés, sous couvert de séduction. Un nombre surprenant de femmes ont si bien intégré ces écarts masculins qu'elles n'y prêtent guère attention, ou, pis, les considèrent souvent comme un hommage rendu à leur féminité. Un comble.

Pour une société dite civilisée, certains chiffres sont accablants : on estime à 75 000 le nombre de

---

1. Publié sur LePoint.fr le 7.7.2011.

femmes victimes de viols chaque année en France, c'est-à-dire un viol toutes les deux heures. Mais seulement 10 % des femmes violées portent plainte. Par peur des représailles, par honte, mais aussi par soumission.

Il n'y a qu'une façon de briser ce cercle infernal. Il faut que les femmes cessent de se taire. Qu'elles aient le courage, au nom de leur intégrité et de leur dignité, de mettre un terme aux comportements des abuseurs en tout genre !

« France, terre des arts, des armes et des lois » chantait Joachim du Bellay, et pourtant, au pays de Montesquieu, de Voltaire, de Rousseau, c'est-à-dire au pays du siècle des Lumières, mais également de Colette, de Simone de Beauvoir, les femmes sont encore trop souvent considérées comme des proies par nombre d'hommes, toutes classes sociales confondues, qui ont souvent, par ailleurs, l'outrecuidance de prétendre défendre l'égalité des sexes et la parité. C'est ce qui est ressorti dans ce qu'il convient d'appeler désormais l'« affaire DSK ». Notre réflexion ne porte donc pas sur cette affaire en tant que telle, qui n'est pas encore totalement réglée sur le plan judiciaire, mais sur l'image qu'elle renvoie de l'état d'esprit de la France de 2011.

Où les hurleurs se révèlent

Bas les masques !

On aura tout entendu !

Voici que des personnalités de gauche, défenseurs s'il en est des libertés fondamentales, ténors de l'égalité entre les peuples, protecteurs des exploités, dénonciateurs des tyrans en tout genre et grands donneurs de leçons à la planète entière sont venus utiliser toutes les tribunes et toute leur influence pour à la fois s'indigner du traitement de leur ami par la Justice américaine et banaliser les faits qui lui étaient reprochés.

Il aura donc fallu ce mois de mai 2011 pour que ces défenseurs de grandes causes, n'ayant à la bouche que le mépris de l'impérialisme et le devoir d'ingérence, se révèlent tels qu'ils sont, des hommes qui considèrent que « trousser les domestiques » (selon une expression qui fleure bon son XIXe siècle) est, somme toute, bien peu de chose.

Qui eût pensé que des personnalités associées à la défense des droits de la personne puissent en venir à justifier l'indéfendable, à réclamer un statut particulier pour leurs puissants amis, à porter le fer contre le système judiciaire des États-Unis ?

Les amis de Tocqueville et du modèle américain en sont restés interdits.

Dans leur sillage se sont engouffrés nombre d'hommes, grands profiteurs de cette omerta sur les actes sexuels déplacés, pour en conclure que poser le problème du harcèlement sexuel dans la France d'aujourd'hui relevait d'une contagion du puritanisme de ces Anglo-Saxons, dont on sait bien qu'ils sont tous des sous-développés sexuels !

Mais il y a pire : on a vu aussi certaines femmes, féministes officielles, élues de la République, députés de l'Assemblée nationale, défenseuses de toutes les émancipations, se porter au secours de ce discours machiste, trahissant ainsi la cause des femmes dont elles se réclament lorsque cela les arrange. Sans parler d'une ou deux autres, fustigeant avec haine le féminisme au nom du bonheur d'être « désirée par des machos ».

Quel aveuglement de leur part !

Sans le savoir, elles acceptent la même soumission volontaire (vis-à-vis des hommes) qu'Étienne de La Boétie avait dénoncé en 1549 dans son célèbre *Discours de la servitude volontaire*. Un texte dont la modernité trouve sa résonance dans le concept plus récent du « syndrome de Stockholm ».

Il y a aussi celles qui, fortes d'une vision à ce point théorique du féminisme, à ce point désincarnée, en sont venues à voir l'homme harceleur comme un simple « libertin » avec une telle tolérance qu'elles laissent à penser qu'elles n'ont rien à redouter de ce genre d'individus.

Au nom de l'égalité des sexes, et du haut de leur immunité d'intellectuelles, elles sont dans l'illusion que les femmes ne sont plus des victimes, mais désormais en position de refuser des avances.

Sans doute ne sont-elles pas loin de croire que le viol « ça n'arrive qu'aux autres ». Elles considèrent le séducteur pesant comme un camarade de jeu un peu trop audacieux, avec une indulgence protectrice quasi maternelle.

En France, dans les bals de village, les mères ne disaient-elles pas avec fierté : « Gardez vos poules, je lâche mon coq » ? Au Québec, au temps de « l'éducation à l'eau bénite », un curé mettait ainsi en garde les adolescentes : « Mes filles, le désir sexuel d'un garçon est tellement fort qu'il pourrait faire décoller une fusée. Vous avez le devoir moral de ne pas provoquer les garçons par des gestes déplacés ou des vêtements provocants… Car vous serez alors la cause de leur péché d'impureté et vous-mêmes commettrez un péché mortel ! » Qui eût cru que sous un discours relifté, revampé et supposément progressiste on nous resservirait encore les mêmes inepties ?

Dans le sillage de ce séisme moral et politique de mai 2011, qui n'a pas d'équivalent dans l'histoire politique moderne de la France, s'est ajoutée la triste affaire Tristane Banon[1]. Encore une fois, protagonistes et témoins choisissent leur camp, serrent les rangs, perdent la mémoire et enragent d'avoir à répondre à des questions, préférant la maxime « Le silence est d'or » à « La parole est d'argent ».

---

1. Tristane Banon a porté plainte contre Dominique Strauss-Kahn le 4 juillet 2011, l'accusant de tentative de viol quelques années plus tôt. Sa mère, Anne Mansouret, l'aurait, à l'époque, découragée de porter plainte. De son côté, Dominique Strauss-Kahn a porté plainte contre la jeune femme pour dénonciation calomnieuse.

Où le refoulé fait surface

Personne n'a été objectif dans les différents commentaires liés aux rebondissements de cette affaire qui n'est pas encore achevée. Chacun l'a commentée, analysée et interprétée à l'aune de sa propre histoire, de son propre statut politique ou social.

Il est vrai qu'en France les femmes de pouvoir ont souvent été suspectées d'avoir accédé à leur fonction grâce à un puissant « protecteur », au sens le plus ambigu du terme. Certains députés ne se sont-ils pas laissés aller à accoler le surnom de « Pompadour » à la première femme nommée Premier ministre sous la présidence de François Mitterrand, Édith Cresson, une insulte à sa personne et à la fonction elle-même ?

En anglais, il existe une expression d'une extrême vulgarité pour désigner ces femmes qui accèdent au pouvoir : « *They fucked their way to the top.* » En France, une formule, tout en euphémisme, évoque la « promotion canapé ».

N'est-ce pas l'expression même du sexisme le plus primaire qui sous-entend qu'une femme est incapable de progresser par ses seules compétences et ses seules qualités professionnelles ?

FRANÇOISE

Et que d'ambiguïté dans ce discours ! Françoise Giroud, secrétaire d'État à la Condition féminine, disait qu'« une femme devait avoir deux fois plus de talent qu'un homme pour arriver au même poste » et que « l'égalité serait gagnée le jour où une femme incompétente serait nommée ». Mais c'est elle aussi, alors qu'elle était patronne de L'Express, qui a recruté celles qu'elle appelait ses « amazones », un bataillon de jolies femmes susceptibles de séduire le Tout-Paris politique et de rapporter des scoops au journal. On préférait ne pas savoir par quels moyens… À l'époque, l'initiative avait été jugée follement moderne et audacieuse : on considérait ces dernières comme les Mata-Hari du journalisme. Aujourd'hui, un certain nombre se sont rangées, ont choisi d'être les « compagnes » des hommes politiques auxquels elles sont liées par le secret, solidarité de couple oblige.

Oui, quand on est journaliste en France, on peut user de la séduction comme d'un stratagème pour obtenir des informations ou intégrer des cercles de pouvoir. Et c'est vrai que lorsqu'on est journaliste on peut faire l'objet d'avances, mais c'est beaucoup plus facile de dire non car on a le pouvoir de le dénoncer ou de l'écrire. À condition toutefois de ne pas être une débutante et de ne pas craindre les foudres de son patron. Mais comme la France reste une société machiste, les femmes séductrices ne sont pas toujours traitées de la même façon que leurs homologues masculins : par exemple, dire d'un journaliste homme qu'il a beaucoup d'aventures est assez flatteur, en revanche dire d'une femme journaliste qu'elle a couché peut ruiner sa réputation.

DENISE

Au Québec, la situation est différente. Certes, les femmes journalistes peuvent jouer de leur séduction ou être sensibles au charme d'un homme politique. Mais, par exemple, une journaliste qui vivrait avec un homme politique serait en conflit d'intérêt et devrait quitter le métier momentanément. Ou le contraire, ce qui, admettons-le, n'est pas encore arrivé. Mais il existe une règle, désormais : on ne tolère plus dans le monde du travail ce climat ambigu qui défavorise en priorité les femmes. Le flirt systématique — et je ne parle pas de galanterie — est considéré comme déplacé. Les relations professionnelles, qui tendent à être désexualisées, ce qui provoque en France des remarques acerbes, ont peut-être moins de piquant mais elles atténuent l'arbitraire et le harcèlement qui peuvent empoisonner la vie des femmes au travail.

Enfin, cette désexualisation comporte un énorme avantage qui consiste à départager le côté professionnel de la dimension personnelle. Il est alors plus facile d'évaluer les gens, d'abord et avant tout, sur leur compétence.

*
* *

Il est évident que, de nos jours, les femmes de pouvoir sont non pas à l'abri mais plus armées pour résister à cette réalité, en raison justement de l'autorité qu'elles détiennent. C'est pourquoi leur silence devant certains comportements déplacés subis par d'autres femmes est si pernicieux.

Par ailleurs, comment expliquer le silence des journalistes – hommes et femmes – au sujet de l'attitude de ces hommes politiques réputés « amateurs de femmes » sur lesquels tous ont des anecdotes à raconter ? Dans le cas de DSK, on peut noter que les journalistes ont minimisé les premières alertes publiques qui auraient dû les conduire à s'interroger sur la capacité de cet homme à présider aux destinées de la France en 2012.

Un homme que Piroska Nagy, économiste hongroise en poste au FMI et victime « consentante » de son directeur, évoque en ces termes dans une lettre adressée aux enquêteurs de l'époque : « M. Strauss-Kahn a abusé de sa position pour entrer en relation avec moi. [...] Je n'étais pas préparée aux avances du directeur général du FMI. [...] J'avais le sentiment que j'étais perdante si j'acceptais, et perdante si je refusais. Je crains que cet homme n'ait un problème qui, peut-être, le rend peu apte à diriger une organisation où travailleraient des femmes. »

Après enquête, c'est Mme Nagy qui a dû quitter le FMI, tandis que DSK conservait son poste après avoir reconnu, dans une lettre, qu'il avait commis « une erreur de jugement » en ayant une liaison avec une subordonnée.

Il n'est pas indifférent de noter qu'à la suite de l'affaire Piroska Nagy le harcèlement est devenu un motif de licenciement au FMI.

Ce silence des journalistes alimente le sexisme routinier qui est bien présent et dont l'expression est quasi banalisée dans la vie des femmes. En protégeant les puissants, il donne en quelque sorte un sauf-conduit à tous les autres hommes qui seraient tentés de se comporter de la même façon.

Mais celles qui n'ont pas le pouvoir, à vrai dire la majorité des femmes qui sont dans une situation d'infériorité hiérarchique, subissent en silence toutes les formes de harcèlement, de la plaisanterie graveleuse, au pelotage « entre copains de travail ».

Il est révélateur de voir que les premières à s'être exprimées ont été ces femmes anonymes, puisant dans ce scandale très médiatisé le courage de témoigner.

C'est ainsi qu'un secrétaire d'État, Georges Tron, député et maire de Draveil, réflexologue à ses heures, a dû démissionner à la suite des révélations d'ex-employées municipales qui disent avoir subi de façon répétée ses « massages de pieds » remontant bien au-dessus du genou ! Il a fallu à ces femmes plusieurs années pour porter plainte tant leur histoire provoquait l'incrédulité et tant elles étaient envahies par le dégoût et la honte d'elles-mêmes, au point que deux d'entre elles ont fait des tentatives de suicide. On peut se demander si celles-ci auraient été entendues et Georges Tron mis en examen si ne s'était pas produit auparavant « l'épisode new yorkais ». Notons que cette affaire n'est pas encore jugée et que Georges Tron bénéficie, à l'heure où nous écrivons, de la présomption d'innocence.

Depuis le mois de mai, la parole des femmes s'est trouvée libérée, mais elle n'est pas encore devenue parole publique. Même s'il n'y a pas une femme en France qui n'ait une histoire de harcèlement à raconter, plus ou moins traumatisante, plus ou moins violente, plus ou moins dégradante, elles n'en parlaient pas.

Le problème de la dénonciation par la victime est le même partout. C'est d'abord la honte d'avoir son corps souillé, la honte de s'être trouvée en situation de se faire violer. Une femme violée témoigne : « La culpabilité, on n'en guérit jamais : si je n'avais pas mis des talons si hauts pour courir plus vite, si je n'avais pas enfilé une jupe si courte, si j'avais moins bu en boîte, si je n'étais pas allée jogger seule… » Le viol est le seul crime dont la victime se sente toujours un peu coupable, parce qu'une fille qui se fait violer se fait encore trop souvent traiter comme une irresponsable qui s'est mise elle-même dans une situation de vulnérabilité.

Une femme violée est une femme qui meurt d'une certaine manière. La violation de son intimité la dépossède d'elle-même, la souille à jamais. En s'emparant de son intégrité, le violeur l'a rabaissée au rang d'objet. La majorité de celles qui subissent cet outrage n'ont pas la force de caractère, l'armature psychologique de celles qui ont été capables de surmonter cette « mise à mort » symbolique, encore que beaucoup de femmes violées aient eu le sentiment, lors de ce corps à corps, que leur agresseur pouvait les tuer. Un viol est bien un acte indélébile.

L'aveu du viol subi est une étape aussi douloureuse que traumatisante. Raconter son viol est une façon de le revivre en prenant le risque de réactions imprévisibles de la part des proches. Cette remise en mémoire ramène la victime à ce moment où sa vie a basculé et la fait replonger dans l'horreur qu'elle voudrait ne jamais avoir vécue. Et puis, à qui en parler ? Comment ? Pourquoi ? Ce sont des questions lancinantes, qui hantent les victimes. Certaines mettent des mois, des années avant de pouvoir s'exprimer.

Enfin, porter plainte apparaît au-dessus des forces de 90 % des femmes violées en France. Sans doute parce que la société, à travers ses institutions, n'est pas suffisamment compatissante envers les victimes qui doivent subir la méfiance, le scepticisme, voire l'agressivité des diverses instances.

Une femme violée doit en effet se battre pour prouver qu'elle l'a été. Cela suppose que la police et le système judiciaire se comportent avec attention, correction et professionnalisme. Ce qui ne semble pas être le cas aujourd'hui et expliquerait le taux catastrophique de non-poursuites.

Il faut encore que la justice prononce un verdict de culpabilité au terme d'un procès. Or nous vivons dans des États de droit et nos tribunaux se prononcent en fonction de la vérité juridique et non pas historique. En d'autres termes, on peut être victime d'un viol, comme de tout crime d'ailleurs, et que celui-ci ne puisse être prouvé en cour d'assises. La présumée victime doit donc envisager de perdre sa cause devant le tribunal ce qui, en la matière, accroît le traumatisme initial.

Il y a des continents entiers où le viol est banalisé et sert d'arme de guerre autant que de récompense aux soldats de toutes les causes. En Occident, nous nous élevons en chœur contre ces pratiques. Ce qui a provoqué notre colère, depuis ce fameux 14 mai, est de constater que nombre d'hommes et trop de femmes en France se sont révélés singulièrement « tolérants » quant à l'idée même du viol, y apportant des nuances qui sont davantage des justifications que des éléments de compréhension de ce fléau, voire en le niant d'emblée. « Notre "ami" ne saurait se comporter ainsi. C'est un séducteur, non un violeur ! » Ce déni, si souvent entendu lors des heures qui ont suivi l'arrestation musclée de DSK est sans aucun doute ce qui nous a le plus indignées.

Le viol est bien la plus violente des agressions dont les femmes sont victimes. Mais la drague lourde, le harcèlement, les comportements déplacés, les propos obscènes, qui sont à l'opposé de l'art de séduire et de faire la cour, placent aussi les femmes dans une situation d'infériorité, à l'encontre du principe même de l'égalité des sexes.

Depuis peu, on a l'impression qu'une prise de conscience est en train de s'opérer et que l'« amour à la française », cette marque de commerce tant vantée, va désormais être revisitée[1].

1. Lire à ce propos l'article de Florence Montreynaud du 24 août sur LeMonde.fr : « La prétendue séduction à la française n'est que de la violence sexuelle », ainsi que l'article d'Irène Théry : « La femme de chambre et le financier », LeMonde.fr.

La parole des agnelles
et la stupeur des boucs en rut

Ce fut comme une éruption volcanique, un déferlement de mots. La sidération passée, les femmes se sont confiées les unes aux autres, elles ont eu besoin de se raconter, de révéler, même à des inconnues, de lourds secrets jusqu'alors inavoués.

Durant ce printemps 2011, au cours des quelques week-end propices à cette période et de dîners champêtres décontractés, loin du parisianisme au conformisme libertin, nous fûmes l'une et l'autre témoins de propos inattendus.

Les femmes retrouvaient la mémoire de quelques expériences qu'elles avaient préféré oublier. Et les hommes minimisaient les torts de ceux qui n'étaient à leur yeux que des « séducteurs », des « hommes à femmes » ou des « coureurs de jupons ».

Voici un aperçu éloquent de ce que nous avons entendu au cours de nos dîners entre amis, lorsque nous avons annoncé le propos de notre livre : *Ne vous taisez plus !*

« J'ai eu un patron qui, pendant deux ans, n'a pas cessé de m'inviter après le travail jusqu'au jour où, sous prétexte d'inventaire urgent, je me suis retrouvée un soir seule avec lui dans le dépôt. Il m'a littéralement sauté dessus. Je m'en suis sortie le chemisier déchiré, des ecchymoses partout sur les bras. Et, surtout, j'ai tout caché à mon entourage, qui n'a pas compris pourquoi j'ai donné ma démission. Car, dans les semaines qui ont suivi l'incident, je vomissais chaque matin, incapable de l'affronter. Il me faisait venir dans son bureau et me décrivait ce qu'il me ferait la prochaine fois. »

« Moi, j'étais en fac de droit et j'avais un jeune prof, plutôt beau gosse et dragueur. Un jour, il m'a proposé de me raccompagner en voiture car le campus était loin du centre. Arrivé près de chez moi, il a commencé à m'embrasser dans la voiture. Je me suis laissée faire parce qu'il insistait en riant et en disant "Allez, qu'est ce que ça te coûte ?", puis ses baisers se sont faits plus insistants. Il m'a caressé les cheveux et, imperceptiblement, il a fait glisser ma tête vers sa braguette. J'ai compris ce qui m'attendait. Je me suis cabrée. Il m'a tiré les cheveux. "Une belle fille comme toi, c'est pas la première fois que tu passes à la casserole !" Tétanisée, je n'ai pas pu me battre avec lui, c'était mon prof ! Croyez-le ou non, c'est la première fois que j'en parle. J'avais dix-neuf ans, j'en ai soixante. »

« La fellation forcée, ça n'existe pas ! (rire gras masculin). Je ne comprends pas comment c'est techniquement possible : elles n'ont qu'à mordre si elles ne sont pas d'accord ! »

« Tu plaisantes, tu sais ce que vivent les femmes ? Moi, je connais une amie qui devait être licenciée et qui a été violée par son responsable. Elle n'a pas déposé plainte et elle a gardé son emploi. Pouvait-elle dire non ? Avec un crédit pour l'appart, ses trois enfants à charge, quel job aurait-elle retrouvé à quarante-huit ans ? Surtout quand c'est le patron de la grande entreprise du coin qui décide de tout. Ça, tu l'appelles comment ? Un viol consenti ? »

« Vous savez, vous les hommes, vous êtes dans la stupéfaction parce que, rétrospectivement, vous vous rendez compte que vous avez parfois eu avec des femmes des comportements à la limite du harcèlement. Vous êtes inquiets, avouez-le ! »

« Mais une fellation sous la pression, c'est pas comme un viol ! »

« Et puis, il y aussi les aguicheuses, vous n'en parlez pas. Il est clair que celles qui jouent un jeu trouble nous envoient des messages, à nous les hommes ! Il faut que les femmes aient un comportement, un langage, des regards, un sourire qui nous mettent à distance. On est des hommes après tout ! »

« Ça c'est un comble, ce vieux discours machiste qui ressurgit ! »

« Moi, j'ai subi, comme beaucoup, un harcèlement par un supérieur immédiat couvert par la hiérarchie. Mais j'ai maintenu mes distances et je m'en suis sortie. »

« Je suis d'accord avec toi, Il y aura toujours des hommes qui en profiteront car il y a des femmes que cela arrange. Certaines aiment ça, quoi qu'elles en disent. »

« Vous dites n'importe quoi. Tout le monde sait que le harcèlement sexuel, c'est comme le harcèlement moral : si vous en parlez, on vous convoque à la direction des ressources humaines, et on vous traite de fou ou de folle. En gros, c'est l'omerta ou la porte. »

« Mais comment une femme peut-elle se faire violer ? Il faut bien qu'elle écarte les jambes, qu'elle accepte de se retrouver seule avec un homme ! »

« Voilà ce qui est intolérable, justement : l'idée qu'une femme qui accepte de passer la porte d'un appartement privé prenne le risque d'être à la merci de l'homme. Qu'elle devienne une proie potentielle. Certaines féministes françaises sont restées muettes parce qu'elles pensent s'être hissées au même niveau que les hommes. Ainsi, elles montrent qu'elles sont solidaires des hommes qui sont leurs égaux et qu'elles ne s'intéressent pas à la condition de femmes qu'elles jugent sociale-ment inférieures à elles. Le réflexe de classe pèse ainsi de tout son poids. Certaines grandes prêtresses ont trop souvent l'indignation distraite devant les revendications des caissières de supermarché. »

La virulence de certaines de ces réactions nous a laissées sans voix. Quelques-uns de nos amis étaient si acharnés sur le sujet que nous avons pré-féré changer de conversation pour ne pas gâcher la soirée… En 2011 !

Parce que nous étions le témoin, chacune de notre côté, de ce genre de propos, nous nous téléphonions tous les soirs pour échanger nos impressions, et nous faire part l'une à l'autre de notre ahurissement.

Parfois – c'est assez comique – nous parlions à voix basse, telles deux conspiratrices.

DENISE

Hier soir, Jim [son mari] voulait absolument convaincre nos amis de débattre de façon rationnelle : tu sais, c'est son côté « pédagogue » ancien professeur de Trinity College : je l'ai obligé à se taire, car la conversation était sur le point d'exploser et je nous voyais mal faisant nos valises et quittant à minuit la maison !

FRANÇOISE

Moi, avec Jean-Claude [son mari], je ne risque rien : il ne commente jamais rien, sauf pour sortir une vanne… bien graveleuse, histoire de jeter un peu d'huile sur le feu.

Mais, dis-moi Denise, cette idée d'être soumise à la loi masculine dont vous vous êtes débarrassées au Québec, il me semblait qu'en France on avait parcouru le même chemin, et là je suis troublée de voir que, ce combat, on y a renoncé et que c'est peut-être même perdu. Quand cela a-t-il commencé cette renonciation, cette soumission à la loi masculine ? Le droit de cuissage a-t-il à ce point intégré les inconscients ? À quel moment les femmes françaises sont rentrées dans le rang du machisme ordinaire ?

DENISE

Elles n'en sont jamais sorties, en dépit du discours féministe. Car la relation de séduction entre les femmes et les hommes est de l'ordre du mythe. C'est sacré. Il ne faut pas y toucher. Or le féminisme, en redéfinissant la relation hommes-femmes a risqué de la briser : car cette conception de la séduction, que vous le vouliez ou non, était avant tout au profit des hommes. C'est un rapport de force qui avantage les hommes. Ils en établissent les règles, ils en modèlent les comportements. N'est-ce pas eux qui ont réussi à faire du mot féminisme un repoussoir, un mot tabou chez vous en quelque sorte ?

FRANÇOISE

Les femmes françaises ont souvent dit : « moi je ne suis pas féministe. Je m'entends bien avec les hommes » parce qu'elles ont une image caricaturale des féministes à travers un certain discours transmis par les médias. Elles oublient que les suffragettes, féministes de leur époque, ont obtenu beaucoup de choses, y compris le droit de vote pour les femmes. Qu'elles furent, partout en Occident, les premières à réclamer l'égalité des salaires (on constate que le combat n'est pas encore gagné… cela aussi est révélateur !). D'autre part, les féministes acharnées étaient souvent lesbiennes. Elles se masculinisaient et, ce faisant, pouvaient se placer sur un pied d'égalité avec les hommes. Souvent, d'ailleurs, pour séduire leurs compagnes, elles reprenaient les attitudes et les codes masculins.

DENISE

Au Québec aussi, les féministes radicales sont parfois lesbiennes. Il faut le reconnaître, ce sont les seules à oser affronter les hommes… C'est facile lorsqu'on ne vit pas avec eux au quotidien, qu'on n'a pas à faire de compromis dans sa vie amoureuse avec un compagnon. Les femmes françaises ont peur de briser quelque chose de fondamental dans leurs relations avec les hommes et c'est pour cette raison sans doute qu'elles se sont tenues si loin du militantisme. Mais, ce qui est terrible, c'est qu'en France les femmes se soient laissé imposer une vision si restreinte et si caricaturale du féminisme.

FRANÇOISE

N'oublie pas que les Françaises ont aussi été influencées par de grandes figures comme Simone de Beauvoir, dès la fin de la guerre et dans la grande période des années 1960-1970 !

DENISE

Ah ! oui, le bel exemple ! Simone de Beauvoir qui, dans la réalité, s'est fait cocufier toute sa vie et rabattait des filles pour Sartre !

FRANÇOISE

Mais elle-même avait des amants et des maîtresses et vivait librement !

DENISE

Certes, mais elle était quand même sous la loi du mâle, quoi que tu en dises. En tout cas, ce qui vous caractérise (et même Simone de Beauvoir !), c'est que pour protéger vos relations avec les hommes, vous êtes prêtes à accepter toutes les formes de domination de leur part.

FRANÇOISE

Mais il y a une cause historique dans cette acceptation française ; les courtisanes, les favorites des rois, des princes, le droit de cuissage... tout cela était admis et accepté, et dans tous les milieux. Le « troussage », comme l'a si bien dit Jean-François Kahn, était la norme dans toutes les couches de la société. Simplement, quand tu étais bien née, tu couchais avec les puissants ; quand tu étais pauvre, tu te faisais sauter par le maître de maison ou le patron, et quand le roi te choisissait il était impossible de refuser.

DENISE

Je constate et reconnais qu'il y a un poids culturel. Mais est-ce pour cela que vous devez le perpétuer ? Est-ce *moralement acceptable de se taire devant la violence faite aux femmes, devant l'inégalité des droits entre les sexes ? L'argument culturel a fait long feu.*

FRANÇOISE

Certes, mais cette part historique pèse encore dans l'inconscient collectif. Pour les femmes, cela veut dire qu'elles doivent encore se sentir soumises à l'autorité et qu'elles ne peuvent pas se rebeller. De toute façon, leur parole ne pèsera rien, ou si peu. Et cela perdure.

Paradoxalement, les nouvelles générations estiment qu'elles sont à égalité avec les hommes, pour l'essentiel. Elles ont librement accès à la contraception, elles travaillent. Elles ne revendiquent vraiment pas grand-chose. Leurs mères étaient dix fois plus féministes qu'elles…

DENISE

Moi, j'ai assisté à des centaines de déjeuners ou dîners où les femmes françaises se laissent traiter en quantité négligeable. Lors d'un de ces dîners mondains, une des invitées était une femme ministre, en tous points remarquable. Eh bien, comme à leur habitude, c'était les hommes qui parlaient. Et la femme, toute ministre qu'elle fût, écoutait. Elle avait retrouvé son statut de femme écoutant les hommes et ayant l'air de les trouver intéressants, même quand ils disaient des niaiseries qu'elle était, j'en suis sûre, la première à déplorer.

La tolérance des femmes françaises, dans le mauvais sens du terme, perpétue le machisme au quotidien. C'est la raison pour laquelle il faut que les femmes brisent ce silence qui les maintient dans un état d'infériorité. Il en va de leur dignité.

FRANÇOISE

Mais, en France, chaque fois que les femmes se sont plaintes d'être traitées en inférieures, elles ont précisément perdu leur dignité. Une fille qui se fait violer se fait encore soupçonner d'être une pute ou une inconsciente qui n'a pas su éviter de se trouver dans une situation à risque.

Et pas besoin d'aller jusqu'au viol ! Quand Ségolène Royal s'est présentée à l'investiture pour la présidentielle de 2007, rappelle-toi les réactions machistes du Parti socialiste. Un de ses homologues masculins ironisant : « Qui va s'occuper des enfants ? » Et, souviens-toi, après la mort de Marie Trintignant, que n'a-t-on dit sur sa relation avec Bertrand Cantat ? « Il n'est pas comme ça, c'est aussi de sa faute à elle ! », sous-entendu : c'est elle qui a encouragé une relation passionnelle et mortifère. C'est comme ça qu'on traite souvent les femmes victimes de violence : elles n'ont eu que ce qu'elles méritaient. Elles l'ont bien cherché !

DENISE

Votre problème à vous, Français, c'est que vous êtes d'invétérés donneurs de leçons ! Cela explique d'ailleurs les réactions très vives à votre égard dans les médias américains ou canadiens lorsque vous nous collez l'étiquette de puritains et de pudibonds. Comme si on ne connaissait pas l'orgasme, comme si on était des sous-développés du sexe. C'est extrêmement arrogant et cela vous conforte dans vos comportements, cela rationalise des pratiques douteuses, en contradiction avec les principes d'égalité et de dignité dont vous vous réclamez en permanence.

FRANÇOISE

Et puis, cela conforte les hommes français dans l'idée qu'ils sont séduisants, voire irrésistibles…

DENISE

Ce qui me choque plus que tout, c'est de voir le nombre de femmes françaises, supposément affranchies, qui ont intégré et assimilé le discours du machisme.

FRANÇOISE

Tu as raison et tout notre discours est ambigu, c'est ça qui est compliqué parce que cela va bien au-delà du féminisme. Quand on dit, en France, que la vie privée commence à la porte de la chambre, ce n'est pas vrai. Ou du moins, ce n'est vrai que parce que cela arrange les hommes.

La chambre, la vie privée, c'est l'alibi du machisme au quotidien… c'est notre burqa à nous.

DENISE

Exactement. En fait, ce principe de vie privée tel que vous le concevez est avant tout au profit des hommes. C'est une exception masculine française à partir de laquelle on construit une réalité d'abus de pouvoir de toutes sortes : financier et sexuel.

FRANÇOISE

Dès qu'une femme accepte de passer la porte d'un appartement privé, elle est à la merci de l'homme : elle devient une proie potentielle.

À partir du moment où une femme de chambre rentre dans une chambre d'hôtel, elle est à la merci du client, à partir du moment où une secrétaire rentre dans le bureau du patron, elle est à sa merci ainsi qu'une étudiante qui entre dans le bureau du professeur… Moi, ça m'est arrivé quand j'étais étudiante !

DENISE

Mon espoir, c'est la nouvelle génération d'hommes français. Un certain nombre d'entre eux ont, dans les médias, dénoncé avec beaucoup de conviction et d'émotion la vulgarité de comportement de ces hommes qui, sous des dehors cultivés, drapés dans leur culture, romantisent leurs forfaits et risquent de plus en plus à l'avenir d'apparaître comme des hommes de Cro-Magnon !

Haro sur le puritanisme !

Après l'affaire DSK, on a entendu les jugements les plus caricaturaux sur la société américaine : « Dans l'Amérique puritaine, on tolère infiniment mieux les jeux d'argent que les plaisirs de la chair », écrivait en mai 2011 le conseiller général PS, Gilles Savary. « Espérons que, après cette affaire, le puritanisme américain et ses méthodes de traque sexuelle des élus ne viennent pas "contaminer" la France », pouvait-on lire sur le site français Rue 89. Et Pascal Bruckner écrivait récemment : « L'Amérique du Nord a à l'évidence un problème avec le sexe[1]. » « Vous êtes vraiment nord-américaine ! », m'a-t-on souvent lancé, à gauche comme à droite, après des interventions dans les médias où j'avouais avoir été scandalisée par la violence des réactions des supposés libérés du sexe. « Vous êtes vraiment nord-américaine ! » est bien une forme d'injure.

---

1. Dans un article intitulé : « L'affaire DSK aura révélé une bien triste image de l'Amérique », in *Le Monde*, 24 août 2011.

On considère comme bornés, moralisateurs, les coincés du sexe que nous sommes, nous Anglo-Saxons, avec nos lois contre le harcèlement sexuel et, notre intolérance sociale face aux criminels sexuels.

Trop de Français se comportent en impérialistes du sexe. Comme s'il n'y avait qu'en France qu'on savait séduire les femmes, comme s'il n'y avait qu'en France qu'on savait faire l'amour, comme si la France était la référence ultime en matière de mœurs et d'érotisme.

Dans ce débat, on accuse les États-Unis de diaboliser le sexe alors que ce sont des progressistes luttant contre les discriminations qui ont imposé depuis 1964 les lois sur le harcèlement sexuel dans le *Civil Rights Act* et non des religieux rétrogrades et puritains revendiquant un ordre moral.

En fait, il est stupéfiant de constater le retard de la France sur la question des droits de la femme. Dans les pays les plus avancés en matière d'égalité entre les sexes, l'incident du Sofitel aurait été traité de la même manière par les autorités policières et judiciaires mais, évidemment, sans la mise en scène qu'on applique aux États-Unis et qui, il faut le dire honnêtement, fait débat, même outre-Atlantique.

En réalité, les Françaises baignent encore dans une culture qui les rend plus vulnérables que les femmes de la plupart des grandes puissances occidentales.

Au Canada et aux États-Unis, entre autres, les gens sont fiers de vivre dans une société sans préjugés de classes, où la parole d'une victime, quelle qu'elle soit, vaut celle de l'accusé, quel qu'il soit… On a l'impression que le véritable choc dans le monde merveilleux des élites françaises fut de découvrir ce que signifiait concrètement l'égalité devant la loi !

Plusieurs ont pris le parti d'accabler ces hypocrites d'Américains au puritanisme compulsif et d'attaquer leur système judiciaire pourri par l'argent, où les riches achètent leur liberté et les pauvres usent du même système pour faire payer les riches. Bref, on a blâmé et on continue de blâmer la culture américaine présentée comme le repoussoir des « valeurs » si chères à la République française, alors que ce que l'on préserve avant tout en France c'est la société de classes, ses élites, ses réseaux, ses privilèges et sa conception discutable de la transparence et de l'équité.

Ce sont ces « valeurs » qui ont contribué à qualifier la justice américaine de barbare dans l'affaire Polanski, devenu ici un héros de la résistance puisque cloué au pilori du puritanisme américain.

Ce sont ces « valeurs » qui empêchent une quelconque interrogation sur l'exemplarité qu'exige toute fonction publique. « La vie privée doit être protégée à tout prix ! », assurent en forme de credo ceux qui sont fiers de ne pas appartenir aux sociétés qu'ils estiment dangereusement fascisantes comme les États-Unis et le Canada. Ils refusent toute réflexion sur la morale, privée ou publique. Dans sa vie privée, assènent-ils, un homme politique peut faire ce qu'il veut, l'important c'est qu'il soit à la hauteur de sa fonction : compétent, professionnel et efficace. « Cela signifie que les vices privés sont sans conséquences sur les vertus publiques », comme l'a si bien dit Jean-Claude Guillebaud.

En fait, ce tabou autour de la vie privée ne tient plus la route quand il s'agit de corruption financière, d'arnaques, de conflits d'intérêts. Les hommes politiques ne sont pas à l'abri de poursuites en la matière. Pourquoi alors des comportements aberrants, voire criminels, en matière de sexe, devraient échapper à toute interrogation, comme si ces manières de faire étaient sans liens avec l'action publique ?

Une éthique personnelle scrupuleuse n'est-elle pas le premier devoir d'un représentant du peuple ? Le « je m'en fous qu'un ministre baise à gauche et à droite » est une formule un peu courte et qui arrange trop certains.

C'est sous couvert de ces « valeurs » que la France se croit dépositaire d'une vision de l'amour et des relations entre les sexes qui devrait servir de modèle à la terre entière. Une sorte d'impérialisme amoureux français nostalgique de l'ancienne grandeur et qui compenserait l'impérialisme économique américain lié à un puritanisme moral détestable.

Il ne s'agit pas de nier la réalité du puritanisme américain, pas plus que celui qui s'exprime dans les pays d'influence anglo-saxonne et qui trouve ses racines dans l'histoire des pays de culture protestante. Mais force est de constater que les pays latins, la France au premier chef, s'accommodent du machisme lorsqu'ils n'en font pas un atout de la virilité.

La France est d'ailleurs le seul et le dernier pays au monde qui continue de parler de « Droits de l'Homme » et non pas de « Droits humains », comme tous les pays qui ont ratifié la Déclaration universelle des Nations unies de 1948.

Comment peut-on prétendre que « Droits humains » est un terme anglo-saxon, sauf à ne l'avoir jamais entendu ou lu dans les autres langues ? Les Italiens disent-ils *« Diritti del uomo »* ? Non, ils disent *« Diritti humani »*. Les Espagnols disent-ils *« Derechos del hombre »* ? Non, ils disent *« Derechos humanos »*. Les Québécois francophones ont traduit *« Human Rights »* par « Droits de la personne ».

Les défenseurs français de l'expression « Droits de l'Homme » veulent nous convaincre qu'« Homme » avec un H majuscule inclut les femmes. On devrait pourtant savoir que les mots ne sont pas innocents.

Comment s'étonner dès lors que les Français éprouvent de la difficulté à concilier les « Droits de l'Homme » avec leur conception pour le moins douteuse du rôle de la femme ? En ce sens, le puritanisme américain, si décrié, sert de bouc émissaire et d'écran à tous ceux qui veulent perpétuer les abus sexuels et autres délicatesses typiquement françaises.

Haro sur les extrêmes !

On ne répétera jamais à quel point les événements du Sofitel de New York furent un révélateur social. Ils ont fait apparaître notre entourage personnel ou médiatique sous un éclairage nouveau, souvent en contradiction avec la perception que l'on se faisait d'eux. Dans cette histoire, chacun a été renvoyé à lui-même, à sa vérité, à sa propre vision de la sexualité, à ses valeurs morales, à son aveuglement idéologique.

Certains ont systématiquement brandi des épouvantails : « Attention, voulez-vous instaurer un climat comme aux États-Unis où un homme ne peut plus regarder une femme sans être accusé d'agression ? » « Vous savez que, là-bas, si on caresse une femme, on est obligé de lui demander la permission au fur et à mesure ? Si on touche un sein, il faut avoir l'accord de sa partenaire pour progresser vers l'autre sein. Ensuite, on doit négocier des caresses plus privatives. Adieu l'érection ! »

Il est surprenant que, face au débat qui porte avant tout sur l'égalité des sexes et le respect de la femme, beaucoup d'hommes et trop de femmes ont d'abord mis l'accent sur les dérives d'un féminisme outrancier auquel nul(le) ne peut s'identifier.

Comme si la majorité de celles et ceux qui en ont assez du machisme et de la misogynie et souhaitent qu'on y mette un terme étaient inspirés par une poignée de femmes réactionnaires, alliées objectives des défenseurs d'un ordre moral d'un autre temps.

Disons-le clairement, le féminisme radical donne lieu à des errements plus risibles que menaçants pour les hommes. Il appelle, sans le dire, à une ségrégation des sexes et à l'exclusion des hommes. Ce type de féminisme, aux États-Unis en particulier, a accentué la rectitude politique qui n'est pas réservée à l'extrême droite morale, bien évidemment. Il est vrai que la séduction en a pris pour son grade et s'en est trouvée malmenée – ou en a « pris pour son rhume », diraient les Québécois ! C'est dans ce contexte que faire la cour devient problématique.

Il est désolant d'assister à une « désérotisation » des rapports amoureux au profit d'un rapport de négociation entre partenaires, comme s'il s'agissait à vrai dire d'une relation client-prostituée.

Les tentatives de désexualiser les êtres humains pour protéger les femmes du désir phallique sont des épiphénomènes inévitables qui correspondent aux changements profonds d'attitude et de mentalités qu'exige la redéfinition de l'identité féminine et masculine. Par exemple, cette pédagogie nouvelle des pays scandinaves où les enfants de la maternelle sont désignés du nom de « copain » afin d'éliminer l'identité déterminée par les prénoms est délirante, voire criminelle, mais pourquoi donc tous ces exemples excessifs envahissent-ils le débat actuel ?

Quelles arrière-pensées cachent ceux qui brandissent de telles mises en garde ? Pourquoi faire référence seulement à des expériences plus que discutables et qui sont inévitables dans cette période de transition vers une véritable égalité entre les sexes ?

Le combat contre le harcèlement sexuel et le sexisme semble représenter une telle menace à la pratique de la drague et du libertinage pratiqués par beaucoup de Français qu'il faut s'interroger sur la culture amoureuse ambiante. Pourquoi tant d'hommes ont-ils des manières si cavalières avec les femmes ? En quoi leur virilité serait-elle menacée ?

Et pourquoi, dans tout ce débat si passionnel, ont-ils le sentiment d'être sur la sellette ? S'ils croient vraiment que la remise en question de leurs approches amoureuses aura un effet castrateur sur leur libido, alors il doivent sérieusement réfléchir à leur façon d'aimer les femmes.

En aucun cas « faire la cour » ne peut s'apparenter au fait de tenir des propos de salle de garde, de raconter des anecdotes graveleuses, de « peloter » bras, jambes ou postérieur ou de tenter d'obtenir un baiser de force…

Contrairement à ce que disent et répètent souvent ces dragueurs impénitents, un « non » n'est pas un « peut-être » et un « peut-être » n'est pas un « oui » ! Si les hommes ne peuvent pas le comprendre, eh bien, que cette façon de draguer et de flirter rende l'âme !

Des hommes aussi abusés

Il serait injuste et malhonnête de ne pas évoquer aussi le harcèlement dont sont victimes beaucoup de jeunes gens, à commencer par ceux qui évoluent dans les milieux « gay ». Même s'il n'est pas politiquement correct de le dire, même si le sujet est encore tabou, beaucoup d'homosexuels ont aussi tendance à abuser de leur pouvoir auprès de leurs subordonnés.

Dans tous les milieux où l'homosexualité est très présente et acceptée : que ce soit dans la mode, la coiffure, les médias, le show-biz, la politique ou la culture, le comportement de certains homosexuels envers de jeunes collaborateurs peut être aussi pesant et pressant. C'est un comportement dont personne n'ose parler, qu'on en soit le simple témoin ou la victime. Dénoncer le harcèlement de la part d'un homosexuel vous fait tout de suite passer pour homophobe. Et puis, quel jeune homme osera dire qu'il s'est fait « draguer » par un supérieur gay ? Comment en parler ? Et à qui ?

Il se taira par honte, par crainte du ridicule, ou, pis, pour ne pas passer aux yeux des autres pour un homosexuel qui ne s'assume pas.

C'est un sujet d'autant plus douloureux qu'il est impossible à un jeune homme hétérosexuel français de reconnaître qu'il peut susciter le désir chez un autre homme ou qu'on l'a pris pour un gay ! D'autant que ce sont souvent les plus jeunes, ceux dont la sexualité n'est pas encore totalement choisie, qui sont « repérés » par ces prédateurs et qui sont le moins bien armés pour se défendre.

Ce sont ceux-là que l'on retrouve dans certaines « affaires poisseuses » où la domination du plus âgé sur le plus jeune se double d'une domination de l'« ex-colonisateur » sur l'« ex-colonisé », du riche sur le pauvre. Là encore, le silence est de mise. Faudra-t-il un autre scandale public pour briser la chape de plomb ?

Les allusions récentes à certaines affaires de mœurs mettant en cause quelques hommes politiques français en Afrique du Nord ont donné lieu à des ouvertures d'enquête dont on ne sait encore si elles aboutiront…

Les femmes complices

Au cours de toutes ces discussions sensibles, orageuses, parfois cinglantes ou cyniques, mais aussi émouvantes, il est beaucoup question du comportement des femmes dans le discours masculin.

« Vous parlez comme si les femmes étaient dépositaires de la vertu. Mais, elles agissent avec nous de telle sorte qu'elles nous obligent à les draguer un peu lourdement. On est des hommes, tout de même. »

« Moi, je suis trop gentil avec elles. Quand je vois une femme que je drague gentiment et qui me préfère un salaud ou un macho grossier, j'ai l'impression d'être un con. Les femmes aiment les voyous, c'est une évidence ! »

Certes, un certain discours féministe, en laissant sous-entendre que les femmes ont effectivement le monopole de la vertu, ne sert pas leur cause. C'est ce qu'on pourrait appeler le « féminisme doctrinaire ».

C'est une bêtise et une fausseté que de présenter les femmes soit comme des parangons de vertu soit comme les éternelles victimes de leur sexe. Revendiquer le statut de victime entraîne forcément des dérapages et une distorsion de la réalité. De plus, la victimisation comme identité est une voie sans issue. Une victime n'a d'autre avenir que la soumission à son bourreau.

Et puis, il existe aussi des femmes qui draguent très lourdement. Des allumeuses plus ou moins abrasives… Des femmes « machos », également. Elles aussi s'attaquent souvent aux très jeunes hommes, aux plus fragiles.

Certes, il fut un temps où de jeunes arrivistes, tel Rastignac, choisissaient d'avoir une maîtresse plus âgée et d'une meilleure condition sociale pour se hisser dans le monde. Mais, aujourd'hui où les classes sociales sont moins conditionnées par le rang ou l'arbre généalogique, ces jeunes gens préféreraient échapper à la convoitise de ces femmes qui les traitent en gigolos ou en objets sexuels.

À l'opposé, il y a aussi des femmes qui couchent utile, prêtes à tout pour parvenir à leurs fins : le pouvoir et l'argent. Toutefois, sauf exception, elles emploient des méthodes moins frontales, plus enveloppées, en tout cas sans avoir recours à la violence physique. Toutes les femmes ont des histoires plus ou moins glauques à raconter sur la façon dont certains hommes se sont conduits avec elles, y incluant des approches où elles ont dû se débattre pour éviter le pire... Mais combien d'hommes ont subi le même sort de la part des femmes ? Combien se sont fait agresser brutalement par une femme ?

Cela dit, la perversion féminine est une arme redoutable contre laquelle beaucoup d'hommes se trouvent démunis. Certes, le harcèlement sexuel au féminin est une réalité marginale, mais qui pourrait devenir plus importante au fur et à mesure que les femmes accèdent au pouvoir. Les rares hommes qui subissent ce harcèlement n'ont pas tendance à le crier sur les toits, par crainte sans doute du jugement que l'on porterait sur eux. On peut imaginer les réactions que susciteraient de tels aveux.

Ce dont les hommes se plaignent avant tout c'est que les femmes les « provoquent ». Pour paraphraser un sketch de Guy Bedos : « Elles se promènent avec des jupes aux fesses et quand on leur met la main au cul, elles appellent police-secours, les salopes ! »

Dans le débat actuel, nombreux sont les hommes qui se sont sentis mis en cause et ont réagi de la sorte en dénonçant le comportement provocateur des femmes. Comme si, devant une femme allumeuse, les hommes n'arrivaient pas vraiment à contrôler leurs pulsions sexuelles. Ils ont parlé aussi des femmes qui les ont « trahis ». De celles qui les ont quittés brutalement. De celles qui ont tenté de les détrousser financièrement. Ces lamentations masculines, fondées, à n'en point douter, sur des expériences douloureuses, semblent une réponse pour le moins étrange au débat fondamental sur le harcèlement sexuel, voire le viol.

Enfin, on peut s'interroger sur ces femmes qui acceptent de vivre avec des hommes qui les trompent, parfois ouvertement. Ces femmes qui ferment les yeux, qui ne veulent pas savoir et qui, par leur silence, cautionnent d'une certaine façon leur partenaire. Et ce ne sont pas que des femmes démunies financièrement ou socialement. Ce sont des femmes qui ont peur de perdre celui pour lequel elles sont prêtes à se damner. Elles acceptent d'être bafouées dans leur dignité, même publiquement, et il est affligeant de voir une partie de la société les ériger en exemple, les présenter comme des épouses modèles, voire des saintes ! N'est-il pas plutôt désolant d'assister à la glorification de comportements qui annihilent les avancées accomplies au nom de la dignité et du respect des femmes ? Ces femmes ne seraient-elles pas atteintes du syndrome de la femme battue ? Les psychologues pourraient nous éclairer sur leurs motivations profondes, sur l'étrange plaisir qu'elles éprouvent à voir leur homme revenir vers elles après s'être fait « prendre ».

On nous rétorquera que ces femmes choisissent librement leur sort. Qu'elles assument leur vie faite de traîtrises, de mensonges, de colères enfouies, de déceptions et d'aveuglement passion-nel. « C'est leur affaire ! » répétera-t-on.

C'est dans cette même catégorie de femmes que l'on trouve celles qui font une différence – ô combien subtile ! – entre tromperie et trahison.

En effet, certaines, plutôt que de voir s'éloigner leur homme, acceptent d'être trompées et, pour rendre cette douleur supportable en viennent à revendiquer cette capacité à accepter la tromperie comme preuve ultime de l'amour passion. Ainsi, la femme trompée ne serait pas trahie puisque l'homme aimé revient toujours vers elle et qu'il ne lui cache rien de ses « écarts ». On voit ainsi celles que l'on peut appeler des « Antigone » éla-borer un discours intellectuel argumenté justifiant le fait qu'elles restent au côté de l'être aimé en

dépit de tout. Ce sont souvent des femmes culti-
vées, raffinées qui intellectualisent un comportement se rapportant finalement à la célèbre chanson
de Piaf :

Sur cette terr', ma seul' joie, mon seul bonheur
C'est mon homme.
J'ai donné tout c'que j'ai, mon amour et tout mon cœur
À mon homme...
Ce n'est pas qu'il est beau, qu'il est riche ni costaud
Mais je l'aime, c'est idiot,
I'm'fout des coups,
I'm'prend mes sous,
Je suis à bout
Mais malgré tout
Que voulez-vous...
Je l'ai tell'ment dans la peau
Qu'j'en d'viens marteau [...]
Et j'dis qu'il faut qu'on pardonne
Quand un' femme se donne
À l'homm' qu'elle a dans la peau...

Dans le même esprit, en Malaisie, pays très
majoritairement musulman, un groupe de femmes
en vue a lancé un « Club des femmes obéissantes ».
L'objectif étant d'inciter les femmes à plaire
davantage à leur mari afin d'éviter à ceux-ci les

tentations de l'infidélité, du divorce et de la violence domestique.

L'obéissance et la soumission n'ont pas de frontières…

La galanterie française
dans tous ses états

Que recouvre au juste ce terme de « galanterie française » ?

D'abord, des règles de « savoir-vivre » : ouvrir la portière à une femme ou lui faire livrer des fleurs avant un dîner. Savoir faire le baise-main et connaître les usages de la présentation : une femme à un homme, sauf s'il est très âgé et/ou très connu. Pouvoir formuler un compliment adapté à chaque situation. Est-ce une sorte de rémanence de l'« Étiquette » instaurée par le Roi Soleil pour régler tous les moments de la vie officielle à Versailles ? Car l'Étiquette s'appliquait aussi aux relations avec les favorites et toutes les maîtresses plus ou moins officielles.

Dès le XVIIIe siècle, la France devient le pays de référence en matière de transgression : libertinage et liberté de penser sont étroitement associés. Diderot, Crébillon fils, Choderlos de Laclos et le marquis de Sade, entre autres, publient, parfois anonymement, des romans libertins qui sapent l'autorité de l'Église et du roi… Des œuvres telles que *Manon Lescaut*, *Les Liaisons dangereuses* ou bien encore *La Philosophie dans le boudoir* mettent en scène érotisme, séduction et cynisme et sont l'exemple même d'une scandaleuse liberté. Cette remise en question de la religion comme celle de l'autorité du roi va favoriser la Révolution de 1789.

Cet héritage littéraire, aussi riche soit-il, associé à la tradition archaïque du « droit de cuissage » n'est, dans l'inconscient collectif, certainement pas étranger aux pratiques abusives qui ont encore cours dans la France du XXIe siècle… et qui sont considérées comme autant d'éléments de notre « culture ».

Faut-il rappeler – encore aujourd'hui – que les « créatifs » de la publicité ont tendance à insister en France sur des images à fortes connotations sexuelles, parfois jusqu'à l'indigestion ? Le café est un breuvage aphrodisiaque, la bouteille d'eau minérale est décapsulée d'une caresse, et, apo-théose, une marque de crème fraîche invente ce slogan : « Babette, je la lie, je la fouette et parfois elle passe à la casserole. » Tout un programme ! et succès garanti auprès de la clientèle féminine !

Étonnons-nous après cela que la plupart des décideurs soient des hommes !

Le pays enchanté
de l'exception française

Où en est-on aujourd'hui de la galanterie ? Si l'on écoute les caricatures faites par certains, on risque d'aborder un monde où les hommes n'oseront plus dire à une femme qu'elle est charmante, ou tenter un badinage complice. Qu'on se rassure, nous ne voulons pas de ce monde !

La galanterie reste l'expression la plus aboutie d'un rapport harmonieux entre les sexes. Et il faut dire qu'une grande partie des Français se comportent encore avec les femmes avec élégance et délicatesse, du moins en public. En privé, la réalité est parfois tout autre : ils sont souvent bien moins respectueux et beaucoup moins nombreux qu'ils ne le disent à participer réellement aux taches ménagères.

Chaque fois qu'une affaire d'abus à connotation sexuelle est révélée par la presse, nos commentateurs y voient une « exception ». Dans ce pays de la séduction et du libertinage, les violences faites aux femmes n'existeraient pas, ou si peu (sauf chez certaines populations issues de l'immigration et les jeunes de banlieue). Il est vrai que les jeunes filles vivant dans certaines banlieues ne peuvent guère se promener en jupe sans risquer de se faire traiter de « taspé » (pétasses) et la pratique des « tournantes » où plusieurs garçons violent à tour de rôle une jeune fille existe toujours dans les caves ou les garages des cités autour de Paris.

Tout cela dans l'indifférence générale. Certes, et heureusement, il y a eu le mouvement « Ni Putes ni soumises », mais il est resté relativement isolé et peu relayé par nos « intellectuels(les) ». Il est vrai que la société française a du mal à dénoncer des crimes pratiqués entre « Français issus de l'immigration ». (Comme si tous les Français ne se valaient pas, mais cela est un autre débat.) Toutefois, les violences faites aux femmes ne sont pas le seul fait des banlieues. Toutes les enquêtes révèlent qu'elles ont lieu dans toutes les classes sociales.

L'attitude française serait liée à une tradition intellectuelle qu'a soulignée récemment dans le *New York Times* l'historienne Joan Wallach Scott. Celle-ci indique que, pour les Français, l'« alternative à l'égalité entre les sexes est l'acceptation d'un jeu érotisé des différences ». Ainsi, la femme acquerrait du pouvoir en étant désirée par les hommes et pourrait de la sorte rééquilibrer le rapport de force. Le féminisme serait, de ce point de vue, « un apport étranger », en décalage avec les mœurs françaises. Et, surtout, il mettrait en danger la galanterie française.

Le modèle – celui d'une « galanterie française » – est à distinguer du combat égalitaire des féministes américaines, accusées de forcer les femmes à nier leur féminité. Pour ce courant, il s'agit d'opposer le « commerce heureux entre les sexes » à la judiciarisation excessive des rapports hommes-femmes aux États-Unis. Ce discours de l'exception française a d'ailleurs été construit en réaction à la politisation des questions sexuelles en Amérique à la fin des années 1980.

Dans plusieurs interviews tirées du nouveau livre de la journaliste du *New York Times*, Elaine Sciolino[1], on entend des discours qui font écho à cette conception des rapports homme-femme « à la française ». Une chef d'entreprise interrogée explique ainsi que les femmes utilisent la séduction « comme une arme pour se défendre contre le machisme des hommes ». Beaucoup critiquent la vie de bureau dite à l'américaine, « le travail sans séduction : quel ennui ! »…

---

1. *La Séduction : How the French Play the Game of Life*, Times Books, New York, 2011.

Les Français ont donc tendance à glorifier le jeu de séduction, là où beaucoup d'Américains y voient un abus de pouvoir. De même, de nombreuses femmes interviewées dans ce livre n'ont pas été gênées par les remarques que les hommes se permettaient de faire en public sur leur physique. À Paris, dans les lieux publics, plus qu'à New York, les femmes sont sujettes à des sifflements et petites remarques, voire à des mains baladeuses.

Ce que ce discours sur l'exception française met en lumière, c'est que les femmes françaises font preuve de plus de force et de maturité en tolérant certains comportements sexistes. On retrouve l'idée que les femmes doivent savoir naviguer entre ces pressions sans se reposer sur un règlement spécifique. Le problème est que ce genre de discours peut permettre aussi de justifier tous les abus de pouvoir... jusqu'au harcèlement sexuel.

Contrairement à ce que développe Elaine Sciolino, les femmes, en réalité, ne tirent guère avantage de cet état de fait. Il suffit, pour s'en convaincre, de regarder les chiffres accablants concernant la société française.

Il faut le répéter, tel un leitmotiv : d'après le rapport du Forum économique mondial de Davos de 2010, la France n'est classée qu'au 127e rang sur 134 pays en matière d'égalité salariale entre les hommes et les femmes, juste derrière le Kenya ou le Kazakhstan. Les écarts de salaires entre les hommes et les femmes sont encore de 19 % ! Dans le monde des affaires, alors même que différentes études soulignent les meilleures performances des entreprises dirigées par des femmes, celles-ci sont très peu présentes, n'occupant que 7 % des sièges des comités exécutifs ou des comités de direction des entreprises cotées en bourse. Et moins de 20 % des PME sont dirigées par des femmes ! En politique, ce n'est guère plus brillant, la France occupe la 46e place sur 134 en ce qui concerne l'égalité hommes-femmes. Les femmes représentent 54 % des électeurs. Elles ne sont pourtant que 5 % à être parlementaires.

Selon une enquête française réalisée en 2006 par l'Association des femmes journalistes, le taux de présence des femmes dans les médias est de l'ordre de 17 %. Contre 82 % pour les hommes. Ainsi, sur certaines radios, le temps de parole des femmes n'est que de 7 %, contre 93 % pour leurs collègues masculins. Dans certains titres de presse hebdomadaire, les hommes font trois fois plus l'objet de photos que les femmes. La proportion s'inverse dans les magazines *people*. L'image de la femme, égérie de tels magazines et celle de l'homme « parole d'autorité et acteur de la société » semblent avoir du mal à évoluer. Sans compter que les femmes sont beaucoup plus souvent nommées par leurs prénoms que les hommes. Il n'y a qu'à prendre l'exemple des dernières campagnes présidentielles, c'était « Ségolène » face à « Sarkozy » et « Hillary » face à « Obama ».

La séduction à la québécoise

Au Québec, nous n'avons pas hérité de cette conception française de la galanterie. L'homme québécois, confronté à la dure réalité de ce pays de défricheurs, de bâtisseurs, de coureurs des bois avait peu de goût pour les jabots et les dentelles. Les jeux de séduction n'ont pas subi ce poids du libertinage, disons « littéraire » ou intellectuel. Les relations humaines se déroulent en général sur un mode plus direct, plus spontané, à vrai dire moins théâtral. L'influence de la culture anglo-saxonne y est aussi pour quelque chose.

Le matriarcat psychologique qui caractérise cette société où traditionnellement les femmes étaient plus instruites que les hommes a certaine-ment modelé la façon de « faire la cour ». Les femmes y sont plus actives. Elles ne craignent pas de prendre l'initiative par des mots ou des gestes affectueux. Elles peuvent être plus frontales alors que les femmes françaises pourraient être qualifiées de circulaires. Ces dernières, en effet, encerclent l'homme, évitent de l'affronter verbalement, elles minaudent et se laissent séduire. En ce sens, elles sont plus soumises et prêtes à beaucoup plus de compromis pour ne pas briser le lien de séduction. Mais leur comportement est aussi la conséquence du machisme ambiant de la société dans son entier, qui s'est révélé de façon brutale et sans réserve depuis les événements du 14 mai à New York.

La vieille tradition de galanterie et des jeux de séduction a pesé aussi sur les mentalités. Si la France d'aujourd'hui a tant de difficultés à vivre concrètement la nouvelle égalité des sexes, qui implique une intolérance à tout abus sexuel et aux diverses formes douteuses de séduction masculine dont les femmes font les frais, c'est que sa culture amoureuse, dans certaines expressions, est en contradiction avec la modernité.

Dans la société québécoise, la transformation des rapports hommes-femmes, qui a une influence concrète sur leurs relations amoureuses, a pu se faire plus rapidement. L'égalité des sexes leur est apparue comme un objectif commun. Et il est rare de trouver une femme ou un homme qui refuse l'étiquette de féministe. Non pas à cause du conformisme politique, mais parce que l'égalité des droits est un principe inaliénable. Ce qui ne signifie pas que les débordements idéologiques, les réactions doctrinaires et la bêtise ne pèsent pas sur les relations entre les sexes et n'ont pas de retombées néfastes sur l'art de séduire.

On ne change pas des mentalités séculaires en une génération. Mais le droit de cuissage, le harcèlement, la drague lourde que subissent encore les femmes sont dorénavant considérés par une majorité de gens comme l'expression d'un monde dépassé et doivent, à ce titre, être condamnés socialement.

Aujourd'hui, les jeunes Québécoises se plaignent de devoir souvent faire les premiers pas avec les garçons, mais les mêmes protesteraient avec force si les garçons les bousculaient.

La séduction est vieille comme le monde mais son expression la plus avancée telle qu'on la vit chez nous n'échappe pas à la nostalgie. Les jeunes filles rêvent encore du prince charmant. Mais gare aux séducteurs trop entreprenants ou sûrs de leur bon droit de mâles ! Ils risquent de provoquer des rires plutôt que du désir. Cette nouvelle culture amoureuse, la France ne saurait y échapper, quoi qu'en disent les coqs gaulois.

Ne plus se taire

Ce combat pour l'égalité des sexes n'est pas un combat sectaire ou sexiste. Il doit être mené conjointement par les femmes *et* les hommes, même si les premières victimes du machisme sont les femmes.

Les dérives dans le débat suscité par l'événement du Sofitel à New York ont eu le mérite de mettre en exergue le retard pris par la France en matière d'égalité des sexes. Ce débat a aussi mis en lumière que les différences culturelles, si chères à ce pays, pouvaient servir de prétexte à défendre l'indéfendable.

Le machisme à la française est un archaïsme qui perpétue une conception de la femme dans laquelle nous ne nous reconnaissons plus.

Il ne s'agit pas de judiciariser les rapports entre hommes et femmes. Il ne s'agit pas, au premier regard aguicheur, de courir au commissariat pour déposer plainte (où, entre nous soit dit, on aurait tendance à vous rire au nez !), mais il faut que les Françaises cessent de considérer comme négligeables toutes ces petites humiliations au quotidien dont elles font les frais... C'est aux jeunes générations en particulier d'être vigilants. Celles-ci sont sans doute moins sensibles aux discours que nous serinaient nos mères : « Si un homme te propose des bonbons... Si l'abbé te demande de rester après confesse... Si le prof de gym vérifie de trop près ton short... » Nous trouvions déjà cela ridicule et dépassé : n'étions-nous pas des femmes libres ? Celles d'après 68 et du Women's Lib ? Nous avions lu *Le Complexe d'Icare* d'Erica Jung et *Ainsi soit-elle* de Benoîte Groult. La libération des mœurs passaient aussi par l'acceptation des formes « modernes » de la sexualité. Seulement voilà, à force d'ouverture d'esprit, de tolérance, de camaraderie érotique nous avons été dupées. Là où nous avions vu modernité et libération, se sont refermées sur nous traditions et prédation : « Une femme et une pute ? Où est la différence ? La femme, c'est ma mère, je la respecte, la pute, c'est celle que je croise dans la rue, peu importe les circonstances. »

Mes toutes jeunes nièces me racontent des mésaventures à faire dresser les cheveux sur la tête. Un jour, c'est un chauffeur de taxi qui ferme les portes de sa voiture et empêche toute sortie possible, un autre, c'est un homme en scooter qui roule derrière l'une d'elles roue dans roue, au risque de provoquer un accident...

Bien sûr, elles le racontent à leurs copines, mais elles ont tellement intégré le risque d'agression sexuelle que le fait de savoir que nous écrivons sur ce thème les étonne !

Alors, oui, il faut parler. À ses amis, à sa famille, à ses proches. Ce n'est pas une fatalité de se faire agresser. Et le premier mot compte.

Ne pas se taire c'est aussi garder les réflexes que toutes nos mères nous ont appris : « Si un homme t'embête dans la rue ou à la fac, manifeste-toi tout de suite ! Appelle à l'aide. » « Ne laisse personne te toucher contre ton gré, ni le chef de bureau, ni le prof de gym, ni même ton oncle. »

Osons dire aussi à nos jeunes filles que la liberté sexuelle c'est de dire oui au plaisir non à la soumission à l'homme. Il faut savoir dénoncer cette fausse mode de la « femme libre » devenue pur objet sexuel, notamment à travers les nouvelles icones de la chanson, du cinéma et de ce qu'on a coutume d'appeler la « jet set ».

Les femmes en général doivent comprendre que les compliments en forme de propos graveleux, si habituels à certains hommes, ne sont pas nécessairement un hommage à leur féminité.

Dans le monde du travail, ces « flirts » libidineux prennent une autre connotation : ils peuvent servir de test pour aller plus loin. S'agissant d'un supérieur hiérarchique, les femmes doivent faire preuve de prudence, sachant qu'à ce jeu elles risquent davantage. En d'autres termes, on ne flirte pas impunément avec son patron, aussi sympathique soit-il. Dans une relation d'inégalité de pouvoir, c'est la femme qui a le plus à perdre. En ce sens, le monde du travail est un univers dont les règles, les codes et l'éthique ont été façonnés par les hommes, pour les hommes.

En France, les femmes ont dû comprendre et se conformer à ces règles non écrites. Dans d'autres pays plus avancés, tels les pays scandinaves ou le Canada, ce sont les règles qui ont évolué et se sont adaptées à la nouvelle réalité des femmes au travail. Au-delà des quotas imposés dans ces pays – et si critiqués en France –, c'est la mentalité qui a changé. Un nouvel état d'esprit est apparu.

À un certain type de flirt appuyé, les rabaissant au rang d'objets, les femmes doivent apprendre à ne plus répondre positivement. En fait, certains hommes passent leur temps à tester la capacité du sexe opposé à dire oui ou non. Autant, lorsqu'il se joue à deux, ce jeu de séduction peut être agréable, autant, dans un milieu professionnel ou familial, ces comportements deviennent vite déplacés, voire perturbants. Pour désarçonner ceux qui les pratiquent, il faut aussi une bonne dose d'humour et un certain sens de la répartie. Ce qui exige une forme d'esprit bien particulière et qui n'est pas donnée à tout le monde.

Certaines attitudes sont plus lourdes, mais ne relèvent pas à proprement parler du harcèlement sexuel : des remarques, des agressions verbales que les femmes ne doivent plus tolérer. Ce sont des propos plus insidieux, plus grossiers, plus vulgaires qui, sous couvert de compliments, s'en prennent à leur physique, dans le but de les déstabiliser, les troubler. Devant le « quel beau cul ! », bien français, ou « les seins sont pas tous au ciel », typiquement québécois, les femmes doivent cesser de se taire ou de baisser les yeux. Cependant, la difficulté pour ces dernières c'est qu'elles ne peuvent pas répondre sur le même registre, cela ne doit pas les empêcher de manifester leur désapprobation.

Pour que les femmes cessent de se taire il faudrait aussi qu'elles sachent qu'elles ne sont pas seules. Cela commence par parler à sa meilleure amie, à une collègue de bureau, ne pas croire qu'on est seule dans cette situation.

Ne pas se taire, cela signifie aussi prendre des risques. Celui de passer pour un délateur. Celui de remettre en cause son propre confort, voire ses intérêts professionnels. Celui de devenir une cible de rumeurs et, surtout, prendre le risque de l'isolement.

À cet égard, l'affaire Tristane Banon est éclairante. Que de faux-fuyants, de déclarations contradictoires et quel lourd malaise chez les uns et les autres ! Qui ose témoigner ? Quels intérêts personnels sont en jeu dans cette histoire à la fois sordide et banale ?

Ne plus se taire devient impératif si l'on croit que l'égalité des sexes représente une forme de révolution sociale. Ne plus se taire pour cesser d'être complices d'une exploitation humaine que des siècles de tyrannie sexiste ont fait perdurer. Une révolution qui doit se faire et se fera sans victime. C'est notre credo.

Nous ne sommes pas angéliques. Nous connaissons les ambiguïtés, les ambivalences, les paradoxes, la complexité des êtres devant la sexualité, mais nous ne sommes pas dupes des obstacles qui se dressent devant celles et ceux qui subissent ce genre d'outrages, ils sont parfois flétris à jamais par ces prédateurs sexuels. Nous côtoyons régulièrement des amis, des parents, des collègues, des connaissances ayant enduré cette « galanterie à la française » et qui se sont tus pour des raisons en apparence toutes valables mais qui ont aussi empoisonné leur vie. Toutes deux, dans notre jeunesse, avons vécu des expériences de cet ordre et avons mis des années avant d'en parler à des proches. Nous-mêmes avons fait partie de ces femmes qui se taisent.

C'est la raison pour laquelle nous pouvons dire aujourd'hui qu'il ne faut plus se taire, pour être enfin libre.

Libre de dire oui ou non. Libre d'aimer, de choisir ses partenaires sexuels, de décider de ses jeux et de ses formes de plaisir.

Ne plus se taire pour abolir la pire des contraintes : celle d'être victime de la sexualité de l'autre.

Les femmes violées doivent bien sûr cesser de s'emmurer dans le silence. Pour cela, il faut qu'elles trouvent autour d'elles les personnes qui vont les soutenir, les rassurer, les guider vers les lieux et institutions où justice leur sera rendue. Cela exige un courage exceptionnel, surtout dans une société où flotte dans l'air un certain scepticisme sur la définition même du viol. La preuve en est que la France, à l'instar du Canada, a de la peine à faire admettre ce crime qui devient de moins en moins tabou : le viol entre époux.

Seule une mobilisation des femmes et des hommes – faut-il encore le souligner ? – permettra de créer le climat sans lequel cet affranchissement collectif ne peut exister.

Le silence est l'allié maudit de toutes les formes d'exploitation sexuelle.

Ne vous taisez plus !

TABLE

Si vous souhaitez réagir, témoigner,
rendez-vous sur la page facebook :
Nevoustaisezplus

Photocomposition Nord Compo
Villeneuve-d'Ascq

Pour l'éditeur, le principe est d'utiliser des papiers composés de fibres naturelles, renouvelables, recyclables et fabriquées à partir de bois issu de forêts qui adoptent un système d'aménagement durable.
En outre, l'éditeur attend de ses fournisseurs de papier qu'ils s'inscrivent dans une démarche deÞcertification environnementale reconnue.

Imprimé au Canada – dépôt légal : octobre 2011 – n° d'édition 02